How
Emily and Eli
Created a Business

Written By: Elsie Guerrero
Illustrated By: Jerome Vernell Jr.

E📖G

ELSIE PUBLISHING CO.
WWW.ELSIEGUERRERO.COM

DEDICATION/ DEDICACIÓN :

I would like to dedicate this book to Congresswoman Nydia Velazquez and the House Small Business Committee. Thank you for the opportunity to learn about how small businesses empower people with developmental disabilities. This book is also dedicated to Edward (EJ) Chrisen for his wonderful influence in the story. Thank you.

Me gustaría dedicar este libro a la Congresista Nydia Velázquez y al Comité de Pequeñas Empresas de la Cámara. Gracias por la oportunidad de aprender cómo las pequeñas empresas capacitan a las personas con discapacidades del desarrollo. Este libro también está dedicado a Edward (EJ) Chrisen por su maravillosa influencia en la historia. Gracias.

Emily and Eli became friends in the third grade, when Eli learned that Emily has autism. He learned that she is unique and, since then, they have been inseparable.

Emily y Eli se hicieron amigos en el tercer grado, cuando Eli se enteró que Emily tiene autismo. El aprendió que ella es única y desde entonces han sido inseparables.

They enjoy counting money, playing with Play-Doh, and running around the play ground.

Ellos disfrutan contando dinero, jugando con Play-Doh y corriendo alrededor del campo de juego.

Eli loves to make money and asked Emily to start a business with him. Eli knows that Emily has autism, but he also knows that she will make a great business partner.

A Eli le encanta ganar dinero y le pidió a Emily que empiece un negocio con él. Eli sabe que Emily tiene autismo, pero también sabe que ella será una gran compañera de negocios.

He just needed to figure out what Emily would be good at. He began to brainstorm things that she likes to do to try to turn it into a business.

Eli necesitaba averiguar lo que Emily podía ser. Comenzó a pensar en cosas que a ella le gusta hacer para tratar de convertirlo en un negocio.

First, Eli thought about making piñatas. Emily loves when the candies fall out of the piñata.

Primero, Eli pensó en hacer piñatas. Emily ama cuando los dulces caen de la piñata.

Emily and Eli began to make a piñata, but Emily stopped helping because she did not like getting her hands dirty or sticky. Eli said, "Not a good idea."

Emily y Eli comenzaron a hacer una piñata, pero Emily dejó de ayudar porque no le gustaba ensuciarse las manos o pegarlas. Eli dijo: "No es una buena idea."

Then Eli thought about a car wash. Emily likes to be in the car.

Entonces Eli pensó en un lavado de autos. A Emily le gusta estar en el carro.

Eli and Emily tried to wash his mother's car, but again
Emily did not like getting her hands dirty. Eli said,
"Not a good idea."

A Emily le gusta estar en el auto. Eli y Emily intentaron
lavar el carro de su madre, pero nuevamente a Emily
no le gustaba ensuciarse las manos. Eli dijo: "No es una
buena idea."

Then Eli thought about dog sitting. Emily loves puppies. "Emily can walk, play and feed the dogs," thought Eli.

Entonces Eli pensó en la crianza de perros. Emily ama a los perritos. Emily puede caminar, jugar y alimentar a los perros, pensó Eli.

But Emily was afraid of big dogs. Eli said, "Not a good idea."

Pero Emily le tenía miedo a los perros grandes.

Eli dijo: "No es una buena idea."

Then Eli thought about laundry. Emily is able to sort the clothes by color.

Entonces Eli pensó en lavar la ropa. Emily pude ordenar la ropa por color.

But, Emily and Eli did not know how to fold clothes.

Eli said, "Not a good idea."

Pero, Emily y Eli no sabían cómo doblar la ropa.

Eli dijo: "No es una buena idea."

17

Then Eli thought about popcorn. He said, "We can make different flavors! Cheese! Caramel!" But, Emily did not like the sound of popcorn. It was too loud. Eli said, "Not a good idea."

Entonces Eli pensó en palomitas de maíz. Dijo: "¡Podemos hacer sabores diferentes! ¡Queso! ¡Caramelo!" Pero a Emily no le gustaba el sonido de las palomitas de maíz. Era demasiado ruidoso Eli dijo: "No es una buena idea."

Eli then thought about candles. He said, "We can make candles and sell them at school!" But, Emily was afraid of the hot wax. Eli said, "Not a good idea."

Eli entonces pensó en las velas. Él dijo: "¡Podemos hacer velas y venderlas en la escuela!" Pero, Emily temía la cera caliente. Eli dijo: "No es una buena idea."

Eli then thought about cookies. He said, "We can make chocolate chips cookies and decorate them!" But, Emily did not know how to cook. Eli said, "Not a good idea."

Eli entonces pensó en galletas. Él dijo: "¡Podemos hacer galletas de chispas de chocolate y decorarlas!" Pero Emily no sabía cómo cocinar. Eli dijo: "No es una buena idea."

Eli was upset. He couldn't find anything to make into a business. Emily said, "Let's go run!" Eli responded, "Okay!"

Eli estaba molesto. No pudo encontrar nada para convertirlo en un negocio. Emily dijo: "¡Vamos a correr!" Eli respondió: "¡Está bien!"

Emily and Eli ran outside for hours. They were having so much fun that Eli forgot about starting a business.

Emily y Eli corrieron afuera por horas. Se estaban divirtiendo tanto que Eli se olvidó de comenzar un negocio.

"I am thirsty," said Emily. "I think I have something for us to drink, let me look in the fridge," responded Eli. He grabbed the lemonade from the fridge and served Emily a cup. "Yummy, this is good!" grasped Emily.

"Tengo sed", dijo Emily. "Creo que tengo algo para que bebamos, déjame mirar en el refrigerador", respondió Eli. Tomó la limonada de la refrigerador y le sirvió una taza a Emily. "¡Delicioso, esto es bueno!" Dijo Emily.

Eli then thought about a lemonade business. He said,
"We can do lemonade! It is only three simple steps!
We mix water, lemons, and sugar together!"

Eli entonces pensó en un negocio de limonada. Él dijo: "Podemos
hacer limonada! ¡Son solo tres simples pasos! ¡Mezclamos agua,
limones y azúcar juntos!

24

Eli thought it was a brilliant idea because Emily did not have to hear loud sounds, get her hands dirty, fold anything or cook. It was an easy drink they could sell in front of the house or at school.

Eli pensó que era una idea brillante porque Emily no tenía que escuchar sonidos fuertes, ensuciarse las manos, doblar nada o cocinar. Era una bebida fácil que podían vender en frente de la casa o en la escuela.

Eli and Emily began making lemonade. Emily stirs the lemonade while Eli adds the sugar.

Eli y Emily empezaron a hacer limonada. Emily revuelve la limonada mientras Eli le agrega el azúcar.

Eli called the drink E & E Lemonade. Emily and Eli created a business.

Eli llamó a la bebida E & E Limonada. Emily y Eli crearon un negocio.

NOW OPEN
LEMONADE FOR SALE

27

THE AUTHOR:
Elsie Guerrero

Elsie Guerrero first started working with children with autism in 2011. After working with her clients for six months, she began to develop a passion and desire to represent children with disabilities. Guerrero began to incorporate her passion into her studies and wrote many research papers on special education and disability issues. Her career goal is to become an advocate and a Special Education lawyer. In the meantime, she plans to spread awareness and embrace the beauty of people with disabilities through children's books.

THE ILLUSTRATOR:
Jerome Vernell Jr.

Since a child, born and raised in
Baton Rouge, Louisiana, drawing was
always his passion.

Now, he is a professional Graphic Designer and Illustrator creating
everything from logos to children's books. He is also a loving
Husband and proud Father of a 3 old son.

He loves comic books, movies,
and spending quality time with his family.

www.vernell.art

www.ingramcontent.com/pod-product-compliance
Lightning Source LLC
Chambersburg PA
CBHW062013090426
42811CB00005B/834